马立平教材系列

韵文选编

儿　歌

（学前班）

编写　马立平

审定　庄　因

插图　吕　莎

出版　夏建丰

审定　庄　因

插图　吕　莎

Copyright ©　1994-2010, 2015　by Liping Ma

www.MLPchinese.com

ISBN 978-1-940666-00-6

目　录

序言 iii

编辑说明 iv

第一篇　动物朋友

1. 语汇：数字（一）............. 2
   儿歌：小花狗 3

2. 语汇：小动物 4
   儿歌：小鸭子 5

3. 语汇：会飞的动物 6
   儿歌：小鸟你别叫 7

4. 语汇：数字（二）............. 8
   儿歌：轻轻跳 9

5. 语汇：小虫 10
   儿歌：蚕宝宝 11

6. 语汇：大动物（一）..........12
   儿歌：熊猫 13

7. 语汇：水里的动物 14
   儿歌：小螃蟹 15

8. 语汇：大动物（二）..........16
   儿歌：小蚂蚁 17

9. 语汇：我们的脸 18
   儿歌：小蝌蚪 19

10. 语汇：我们的身体 20
    儿歌：大公鸡 21

第二篇　我的一天

1. 语汇：大自然（一）..............24
   儿歌：我起来了 25

2. 语汇：大自然（二）..............26
   儿歌：早起 27

3. 语汇：主食和副食（一）.......28
   儿歌：吃饭 29

4. 语汇：主食和副食（二）.......30
   儿歌：漱口 31

5. 语汇：蔬菜 32
   儿歌：洗手 33

6. 语汇：水果 34
   儿歌：妈妈你别说我小 35

7. 语汇：常用的东西 36
   儿歌：画画 37

8. 语汇：家里的东西（一）.......38
   儿歌：做游戏 39

9. 语汇：家里的东西（二）.......40
   儿歌：积木 41

10. 语汇：家里的东西（三）.......42
    儿歌：睡觉 43

第三篇 家

1. 语汇：衣服和鞋帽（一）........46
   儿歌：妈妈早 47

2. 语汇：衣服和鞋帽（二）........48
   儿歌：我和爸爸 49

3. 语汇：运动和活动（一）........50
   儿歌：捶背 51

4. 语汇：运动和活动（二）........52
   儿歌：外婆桥 53

5. 语汇：运动和活动（三）........54
   儿歌：好孩子 55

6. 语汇：交通工具 56
   儿歌：跟着姐姐走 57

7. 语汇：动词（一）........58
   儿歌：布娃娃 59

8. 语汇：动词（二）........60
   儿歌：我来啦 61

9. 语汇：职业 62
   语汇：颜色和形状 62
   儿歌：家 63

第四篇 暑假听读儿歌

1. 儿歌：白鹅 66
2. 儿歌：红眼珠 67
3. 儿歌：走路 68
4. 儿歌：比尾巴 69
5. 儿歌：对歌 70
6. 儿歌：我像小鸟 71
7. 儿歌：乌龟想上天 72
8. 儿歌：小弟和小猫 73

序　言

马立平把她精心选编并加以改撰的中文教材送了来，要我替她稍事耙疏并写一序文，我很高兴地应允了。

说起来，写序文这样的事，不是可以胡口答应的。就算不若往昔写序文的人必然要较作者"年长"而且"德昭"，但一定要与作者有着某种程度上的相知关系，则显见必要。我比立平年长许多是实，也"有德"但不一定"昭"，可是曾为她的老师，似乎这也够资格为她写序了。

我认识立平是在八年前。那年我在史大的"中国近代散文"一课的班上，发现了一位并不属于亚洲语文系的学生，那就是正在教育学院攻读博士学位的马立平。立平是中国大陆六、七十年代遭"文革"扼伤的成千上万的青年中的一个，她被国家分发到江西省去插队落户，荒废了学业。文革以后，政府恢复了旧有教育制度，重新招录青年入学。但是有志深造的马立平，却因超龄而未能遂愿。我在前面说立平是受了文革"扼伤"，但她并未被文革"牺牲"。她自己努力精进，竟"跳班"考上了教育学研究生。毕业之后先是作了几年教育研究，再来美国攻读更高一级的博士学位。

马立平选择教育为其一生之志愿，是她觉得教育是一个国家民族之所以盛衰的基本。我更相信立平还有对于中华文化的一份挚爱，和要把中华文化与海外炎黄后裔共享共识的诚意。在这样的前瞻下，立平于五年前在旧金山海湾区正式成立了"斯坦福中文学校"。

海外中文学校的成败，依我来看，最主要的因素应属教材的内容。立平自己学的是课程设计，于是她在教材设计方面的投入与着力委实然费苦心。她希望呈现的是中华文化本本笃笃的面貌丰采。于是，这也成就了她的这套教材"马立平中文教材"异于向素因循传统上政教合一的方式为主导的观念，而是以崭新的面貌出现。过多的政治考量，难免会顾此失彼，甚至欲速不达。故立平这样的心态其实是相当易于理解的。试想，在海外出生长大的中华儿女，他们在政治背景上是确定的"非中国人"。在美国，他们就是"美国人"了。既如此，为什么一定要以自身来自的"中国"地缘政治背景，来影响孩子们原本单纯的心呢？要学简体字、繁体字、或两种都学，这完全是应以孩子们的兴趣、看法为归依而作成的取决。立平的这套教材，就是有这样的认知，而她只提供实际上的方便，让孩子们自己去作最后的取择。这情况就跟当初家长们自己负笈海外，究竟要去美国、英国、法国、日本或其他国家留学完全同理，因为那是他们自己的取决。

华侨子弟的家长们，请务必要切实了解这一意义，才能有效而顺心地督导其子弟们在异国文化的环境中成功地学习并接受纯正的中国文化。在海外传授中国文化，我们特别要注意的是内容的纯正与否的问题。马立平的中文教材，也就是站在这个立足点上而完成的。同时，她也深悉侨居异国他乡的实情，使得她十分潜心地关注并接纳西方文化。凡是上乘的西方文化观念，读者都不难在她的教材中寻获。

我自己大约可以算是在一个较短的过程中，仔仔细细读完了她的这套教材的第一人。因此，我想我有资格也有条件说出我对它的真切感受。我是一个率直而又认真的人，爱中华文化、更仰慕中华文化。我同时也是一个有教育爱心、务实、极有自信、同时又极自负的老师。在政治背景上，我是足足实实的美国人；然则，在文化历史上，我又是一个十十足足、道道地地的中国人。我相信马立平跟我一样，她也正是如此。

因应立平索求我为她的教材撰写一篇序文的诚意，我高兴而也感慨的写下了我的一些感想。最后，我愿意向大家说：如果你们有幸地接受了并且习读了马立平博士的这套教材，一定会有在口干舌燥的长跑运动之后渴望一杯甘凛的酸梅汤或果汁，而果然一杯在手的难言快欣！你们有福了。

庄因

一九九九年二月十四日，戊寅除夕前夕于史大亚洲语文系第 52W 研究室

儿歌 使用说明

斯坦福大学教育学院课程设计博士　马立平

这是一本供海外华裔儿童汉字启蒙用的教材，以家长能讲普通话的，5 至 6 岁的儿童为主要对象。教材共选儿歌 37 首，分为 4 个单元。第 1 至第 3 单元，每单元供 10 周教学用。第 4 单元作为学生的暑假作业。每首儿歌配有相应的生字卡片、光碟录音材料和书面练习。本教材适于用"儿歌听读识字法"进行教学。

儿歌听读识字

" 儿歌听读识字 "，就是让儿童先通过听录音里（或别人）念的儿歌，听会、记熟儿歌，再通过自己看着课本反复朗读儿歌，不知不觉地学会认儿歌里的字。

儿歌听读识字教学有两个关键。关键之一，是每一次播放儿歌的数量。数量太少，容易产生听觉疲劳。数量太多，儿童又难以产生整体把握的感觉。本教材每一单元的儿歌，可作为一次播放的数量，也可以视儿童能力分成两次播放。

儿歌听读识字教学的关键之二，是**指读**。在听读认字的各阶段，指读的形式有所不同。1）**翻页：**开始学习一个新单元时，儿童听着儿歌并不会出声念。这时先让他们学会自行翻到正在播放的儿歌那一页，初步了解声音和儿歌内容的联系。2）**逐字指读：**不出声地听了几遍儿歌之后，儿童会自然地开始跟着录音出声朗读儿歌。这时，让他们学会一边朗读，一边用手指一个一个地点着课本上的字，建立字音和字形的联系。3）**滑指：**当儿童能流利朗读儿歌时，让他们的手指随着语速在句子下面滑动，以连贯而完整地感受语言。指读非常重要。**只有指读，才能使手、眼、脑并用，达到认字的目的。否则儿童只是会背诵儿歌，却不认识字。**

新授课教学步骤

1、先把该单元的儿歌（9首左右）完整地连着播放2遍，要求全班学生认真指读。

2、告诉学生，今天要学的是哪一首儿歌，将该儿歌再放1—2遍，学生指读。

3、讲解儿歌的内容，并带领学生背诵儿歌。

4、学习该课生字卡上的字，教师可以根据自己的个性，采用相应的游戏教学形式。

5、最后把该单元的儿歌再完整地播放1遍，学生指读。

课堂复习和其他教学内容

每次新授课之前，可以利用生字卡，带领全班复习上一周学过的汉字。

每次上课除识字教学以外，老师还可以教授一些简单的口语句型，也可以找一些有趣的中文少儿故事书，仿照美国幼儿园的做法，读故事给学生听。还可以进行其他和汉字有关的游戏。

家长如何帮助孩子

a、建议家长在家里建立"汉字角"：剪开学过的生字卡片，贴在家里儿童视线可及的墙上或冰箱上。用活泼多变的形式，经常让孩子认读或造句，并注意给于及时鼓励。

b、每天整体播放所学单元的儿歌数遍。这对于已学过的儿歌是复习，对于未学过的儿歌是预习。也可以把光碟放在汽车里，经常收听。

c、平时尽量多和孩子讲中文。学习中文，仅靠一周一次的周末中文学校，是绝对不够的。

第一篇
动物朋友

中文语汇

数字（一）

小花狗

一只小花狗，
坐在大门口，
两眼黑黝黝，
想吃肉骨头。

中文语汇

小动物

狗	猫	兔
松鼠	老鼠	猴子
鸡	鸭	鹅
狐狸	火鸡	蛇

小鸭子

小小鸭子嘎嘎叫，
走起路来摇呀摇，
一摇摇到小河里，
高高兴兴洗个澡。

中文语汇

会飞的动物

鹦鹉　　　乌鸦　　　啄木鸟

蜂鸟　　　老鹰　　　猫头鹰

天鹅　　　海鸥　　　燕子

鸽子　　　蝙蝠　　　大雁

小鸟你别叫

小鸟小鸟你别叫，
妈妈刚睡着。
小鸟点点头：
"知道，知道，知道了。"

中文语汇

数字（二）

轻轻跳

小兔小兔轻轻跳，
小狗小狗慢慢跑。
要是踩疼小青草，
我就不再跟你好。

中文语汇

小虫

蝴蝶	蜜蜂	蜻蜓
蜘蛛	苍蝇	蚊子
蚂蚁	蜗牛	蚯蚓
瓢虫	蟋蟀	蚕

蚕宝宝

蚕宝宝，真稀奇，
小时像蚂蚁，
长大穿白衣，
吐出丝来长又细，
结成茧子真美丽。

中文语汇

大动物（一）

老虎	狮子	大象
豹	长颈鹿	鹿
袋鼠	骆驼	河马
熊	熊猫	鸵鸟

熊猫

熊猫宝宝，　　　　熊猫宝宝，
走路摇摇。　　　　圆头圆脑。
翻个跟斗，　　　　吃饱竹子，
让你瞧瞧。　　　　乖乖睡觉。

熊猫

中文语汇

水里的动物

鱼	鲨鱼	鲸鱼
青蛙	蝌蚪	乌龟
龙虾	虾	海豚
螃蟹	鳄鱼	企鹅

小螃蟹

小螃蟹， 脾气大，
不直走， 横着爬，
哎呀呀， 不像话。

中文语汇

大动物（二）

马	小马	斑马
奶牛	水牛	小牛
山羊	绵羊	驴
猪	狼	猩猩

小蚂蚁

小蚂蚁，真有趣，
见面碰碰小须须。
你碰我，我碰你，
告诉一个好消息！
快快来，快快来，
大家去抬一粒米。

中文语汇

我们的脸

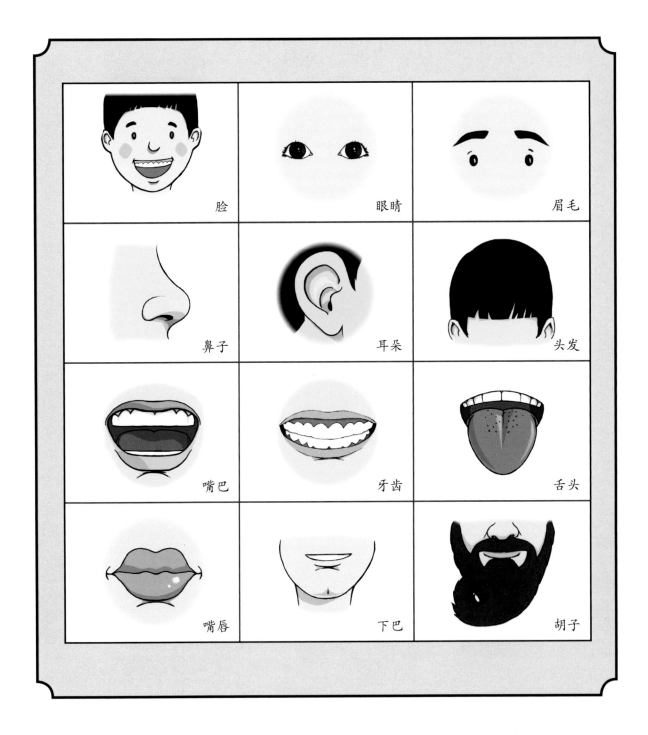

脸	眼睛	眉毛
鼻子	耳朵	头发
嘴巴	牙齿	舌头
嘴唇	下巴	胡子

小蝌蚪

小蝌蚪，小尾巴，
游来游去找妈妈，
妈妈，妈妈，你在哪儿？
来啦，来啦，我来啦，
来了一只大青蛙。

中文语汇

我们的身体

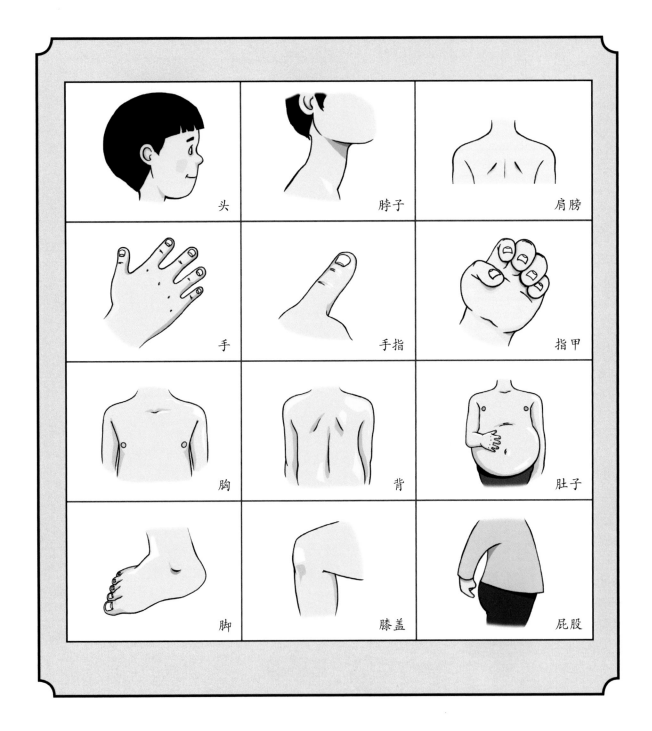

头	脖子	肩膀
手	手指	指甲
胸	背	肚子
脚	膝盖	屁股

大公鸡

大公鸡，穿花衣，
花衣脏，自己洗。
不用肥皂不用水，
扑楞扑楞用沙子。

第二篇
我的一天

中文语汇

大自然（一）

春天	太阳	月亮
夏天	树	花
秋天	高山	大海
冬天	天空	星星

我起来了

天亮了，

我起来了，

太阳也起来了。

我起得早，

太阳也起得早。

我天天早起，

太阳也天天早起。

中文语汇

大自然（二）

下雨　　刮风　　龙卷风

下雪　　结冰　　雾

彩虹　　露水　　云

晴天　　阴天　　闪电

早起

我们一家人，
妈妈起得最早。
她起来了，
就忙着打扫，
我们家很干净，
是妈妈的功劳。

爸爸也起得早，
他起来了，
先到阳台去浇花。
我们家的花长得好，
是爸爸的功劳。

我也起得早，
我起来了，
刷牙洗脸衣穿好，
自己的事情自己做，
大家都夸我本领高。

中文语汇

主食和副食（一）

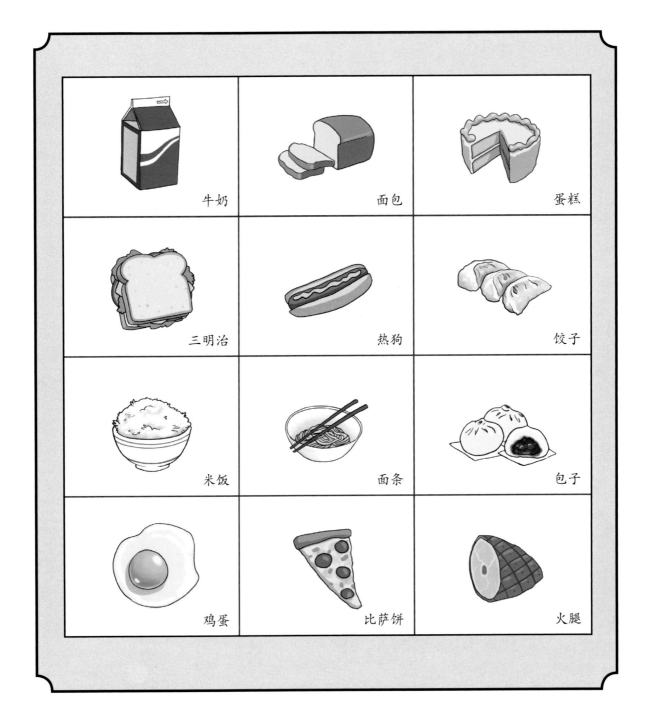

牛奶	面包	蛋糕
三明治	热狗	饺子
米饭	面条	包子
鸡蛋	比萨饼	火腿

吃饭

白白米饭，
豆腐鸡蛋，
青菜肉汤，
喷香喷香。

中文语汇

主食和副食（二）

桔子汁	冰淇淋	饼干
果汁	土豆泥	薯条
番茄酱	花生酱	果酱
可乐	咖啡	豆腐

漱口

手拿花花杯，
喝口清清水，
抬起头，闭着嘴，
咕噜咕噜吐出水。

中文语汇

蔬菜

胡萝卜	西红柿	黄瓜
南瓜	青椒	土豆
生菜	菠菜	芹菜
花菜	洋葱	茄子

洗手

哗哗流水清又清，
洗洗小手讲卫生。
伸出小手比一比，
看谁洗得最干净。

中文语汇

水果

苹果　　桔子　　葡萄

香蕉　　草莓　　樱桃

芒果　　菠萝　　西瓜

桃子　　李子　　梨

妈妈你别说我小

妈妈你别说我小，
我会穿衣会洗澡。

爸爸你别说我小，
我会唱歌把舞跳。

中文语汇

常用的东西

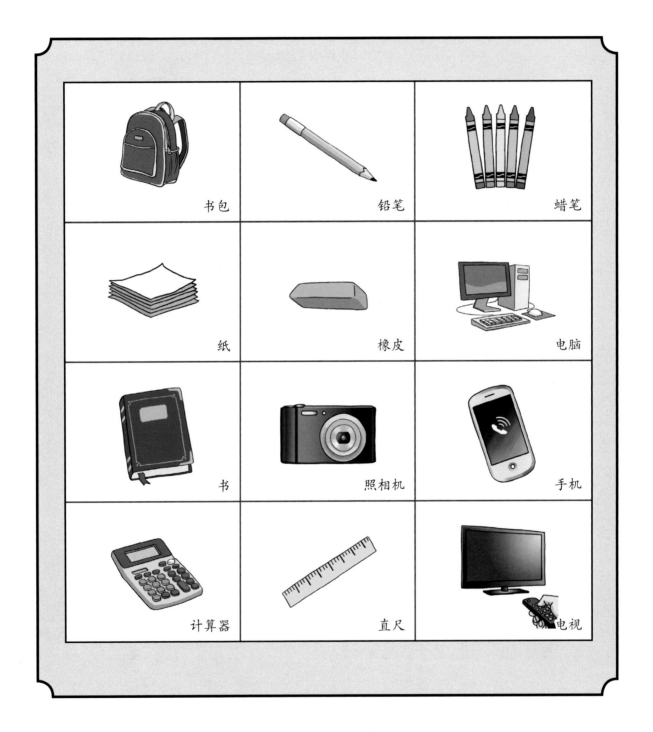

书包	铅笔	蜡笔
纸	橡皮	电脑
书	照相机	手机
计算器	直尺	电视

画画

我是一个小画家，
什么东西都会画。
画只鸭子嘎嘎嘎，
画个娃娃哈哈哈，
画只青蛙呱呱呱，
送给爸爸和妈妈。

中文语汇

家里的东西（一）

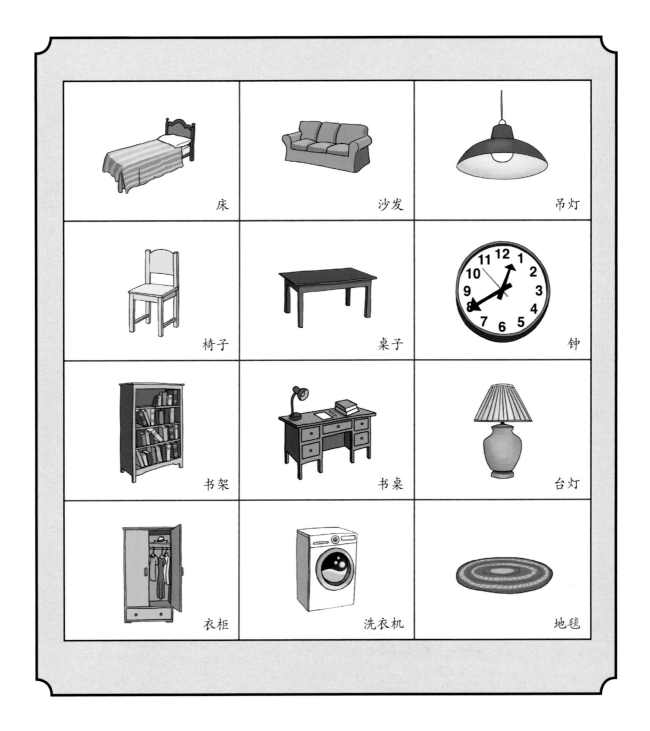

床　　沙发　　吊灯

椅子　　桌子　　钟

书架　　书桌　　台灯

衣柜　　洗衣机　　地毯

做游戏

老公公，出来了，
白胡子，白眉毛，
点点头，弯弯腰，
脚一滑，摔一跤，
一摸胡子掉下了，
逗得大家哈哈笑。

中文语汇

家里的东西（二）

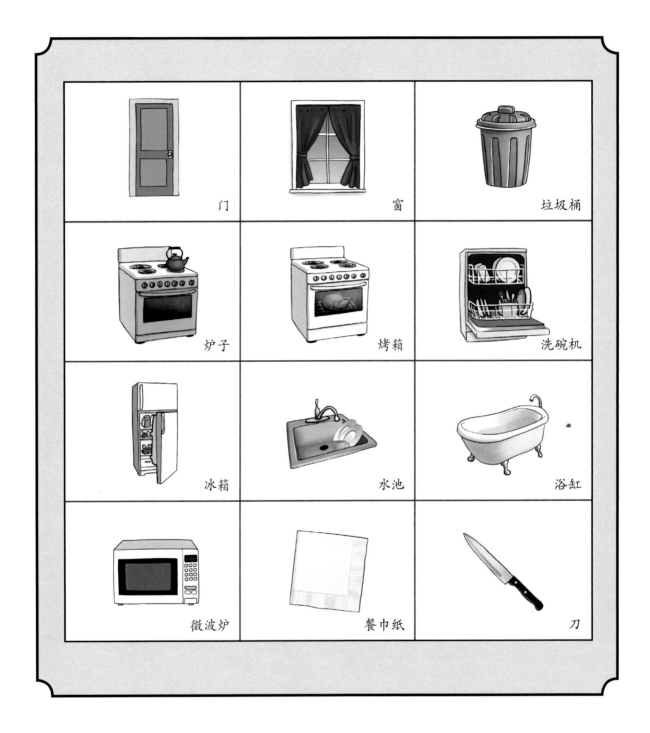

门	窗	垃圾桶
炉子	烤箱	洗碗机
冰箱	水池	浴缸
微波炉	餐巾纸	刀

积木

积木宽，积木长，
我用积木盖楼房。
叔叔阿姨住进去，
都说房子真漂亮。

积木方，积木圆，
我用积木盖花园。
桃树李树苹果树，
结的水果香又甜。

中文语汇

家里的东西（三）

碗	盘子	叉子
筷子	勺子	水杯
浴巾	毛巾	肥皂
牙刷	牙膏	卷纸

睡觉

小朋友，在睡觉，
小花猫，懂礼貌，
不吵不叫也不闹，
进屋谁也不知道。

第三篇
家

衣服鞋帽（一）

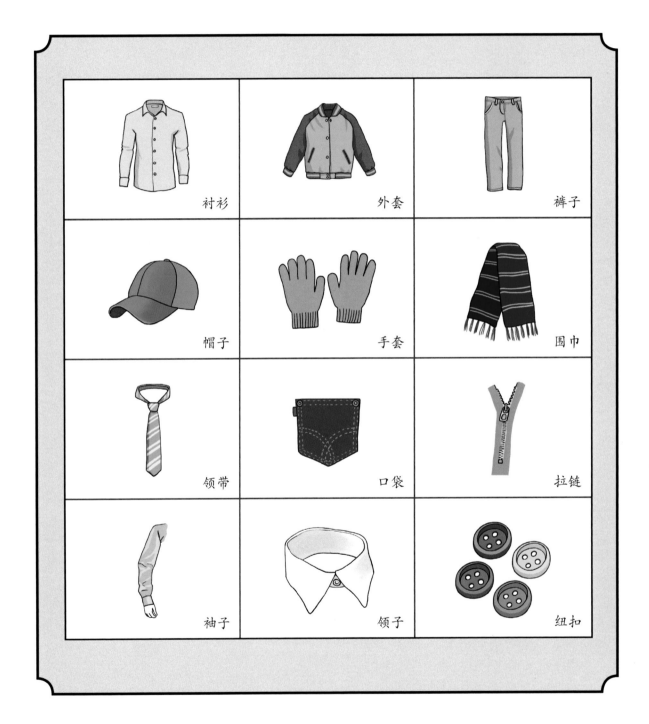

衬衫	外套	裤子
帽子	手套	围巾
领带	口袋	拉链
袖子	领子	纽扣

妈妈早

妈妈早，
妈妈你真好，
我的好妈妈，
天天起得早。

妈妈早，
妈妈你真好，
我的好妈妈，
谁也比不了。

中文语汇

衣服鞋帽（二）

鞋子	靴子	运动鞋
拖鞋	内衣	袜子
毛衣	背心	大衣
长裙	短裙	西装

我和爸爸

上班了，
我对爸爸笑，
爸爸呢，
工作得更好。

下班了，
我对爸爸笑，
爸爸呢，
忘了一天的疲劳。

中文语汇

运动和活动（一）

篮球	橄榄球	排球
打篮球	打橄榄球	打排球
网球	棒球	足球
打网球	打棒球	踢足球

捶背

我的爷爷七十岁，
花白的胡子笑微微，
爷爷爷爷您坐下，
我来给您捶捶背

中文语汇

运动和活动（二）

羽毛球	乒乓球	鼓
打羽毛球	打乒乓球	打鼓
钢琴	小提琴	黑管
弹钢琴	拉小提琴	吹黑管

外婆桥

摇啊摇，摇啊摇，
摇到外婆桥。
外婆请我吃年糕。
糖一包，果一包，
我是外婆的好宝宝。

中文语汇

运动和活动（三）

电话	国际象棋	衣服
打电话	下国际象棋	穿衣服
帽子	裤子	围巾
戴帽子	穿裤子	戴围巾

好孩子

奶奶擦桌子，
爸爸擦椅子，
妈妈擦地板，
身边跟着个好孩子。

好孩子，卷袖子，
帮助妈妈扫屋子，
忙得满头汗珠子。

中文语汇

交通工具

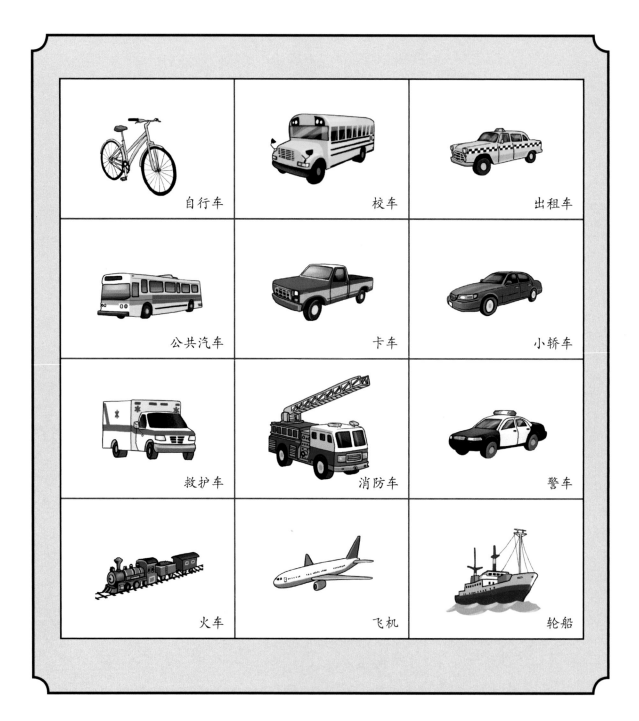

自行车	校车	出租车
公共汽车	卡车	小轿车
救护车	消防车	警车
火车	飞机	轮船

跟着姐姐走

姐姐走，我也走，
我和姐姐手拉手。

手拉手，慢慢走，
一走走到马路口。

看见红灯停一停，
看见绿灯向前走。

中文语汇

动词（一）

布娃娃

我有一个布娃娃，
圆圆的脸蛋红嘴巴。

不吃饭，不喝茶，
不会说话不会爬。

阿姨给糖她不要，
坐在一边笑哈哈。

中文语汇

动词（二）

睡觉　　唱歌　　跳舞

刷牙　　洗脸　　洗澡

爬　　躲　　跳

挖　　搬　　打架

我来啦

天上下雨地上滑，
弟弟跌倒我来啦。
替他擦擦手，
把他送回家。

职业

老师	医生	牙医	画家
厨师	警察	军人	消防员
宇宙员	演员	服务员	工程师

颜色和形状

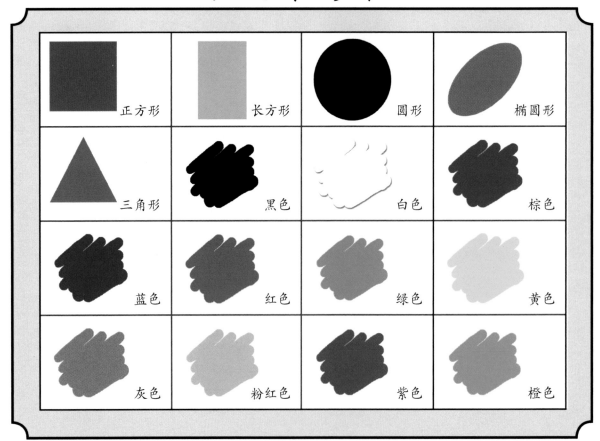

正方形	长方形	圆形	椭圆形
三角形	黑色	白色	棕色
蓝色	红色	绿色	黄色
灰色	粉红色	紫色	橙色

家

小毛虫的摇篮是树叶，
住在花瓣上的是蝴蝶。
小河里，住着鱼和虾。
大树上，是小鸟的家。

可怜的风没有家，
东跑西跑，
找不到地方休息一下。
漂流的云，也没有家可回，
天一阴，就急得流眼泪。

我有一个温暖的家，
家里有爸爸和妈妈。
我在爸爸妈妈身边，
快快乐乐地长大。

注：本课是教学部分的最后一篇课文，篇幅较长，可以一周教学，也可以分作两周教学。
为此我们设计了两页书面作业，供老师们自行选择，网上互动作业仍为一次。

第四篇
暑假听读儿歌

白鹅

两只白鹅,
走下小河,
一同玩水,
快快乐乐。

两只白鹅,
走上山坡,
一同回家,
亲亲热热。

红眼珠

小白兔，真爱哭，
一不高兴呜呜呜。

它说自己尾巴短，
对着爸爸呜呜呜。

它嫌衣服没有花，
拉着妈妈呜呜呜。

它说萝卜不好吃，
打个滚儿呜呜呜。

呜呜呜，呜呜呜，
黑眼珠变成了红眼珠。

走路

小兔走路蹦蹦跳，
小鸭走路摇呀摇，
小乌龟走路慢吞吞。
小花猫走路静悄悄。

比尾巴

谁的尾巴长？

谁的尾巴短？

谁的尾巴像把伞？

猴子的尾巴长。

兔子的尾巴短。

松鼠的尾巴像把伞。

对歌

谁会飞？鸟会飞。
鸟儿怎样飞？
拍拍翅膀向前飞。

谁会游？鱼会游。
鱼儿怎样游？
摆摆尾巴摇摇头。

谁会跳？兔会跳。
兔儿怎样跳？
前腿蹦蹦后腿跳。

谁会爬？虫会爬。
虫儿怎样爬？
六条腿儿慢慢爬。

我像小鸟

我学老鹰飞飞。
我学小鸡刨刨。
我学青蛙跳跳。
我学鱼儿游游。
我学马儿跑跑。
我学花儿笑笑。
我呀，
快活得像只小鸟。

乌龟想上天

乌龟请鸡妈妈，
带他到天上去玩。
鸡妈妈说："我不能。"

乌龟请鸭爸爸，
带他到天上去玩。
鸭爸爸说："我不能。"

乌龟请鹅奶奶，
带他到天上去玩。
鹅奶奶说："我不能。"

乌龟请雁叔叔，
带他到天上去玩。
雁叔叔说："可以，可以。"

雁叔叔找了一根棒，
叫乌龟咬在中间，
就带他到天上去。

小朋友看见了，
拍手叫道：
"一只大乌龟！
一只大乌龟！
大乌龟上天了！"

乌龟听了很快乐，
就哈哈大笑，
嘴巴一开，
呼！掉下去了。

"嘭"的一声，
乌龟跌在地上，
四脚朝天，
动也不能动了。

小弟和小猫

我家有个小弟弟，
聪明又淘气，
每天爬高又爬低，
满头满脸都是泥。

妈妈叫他来洗澡，
装没听见他就跑。
爸爸拿镜子给他照，
他闭上眼睛咯咯地笑。

姐姐抱来小花猫，
拍拍爪子舔舔毛，
两眼一眯，喵喵喵，
"谁和我玩，谁把我抱？"

弟弟伸出小黑手，
小猫连忙往回跳，
胡子一翘，头一摇：
"不妙，不妙，
太脏，太脏，我不要！"

姐姐听见哈哈笑，
爸爸妈妈皱眉毛，
小弟听了真害臊：
"妈！妈！
小猫说我不干净，
您快快给我洗个澡！"